Test Pattern

Test Pattern

PLATE 1

Test Pattern

PLATE 2

PLATE 3

PLATE 4

Test Pattern →

PLATE 5

PLATE 5

PLATE 6

Test Pattern

PLATE 6

Test Pattern

PLATE 7

PLATE 7

PLATE 8

PLATE 9

PLATE 10

PLATE 11

PLATE 21

PLATE 12

PLATE 13

PLATE II

PLATE 14

PLATE 15

PLATE 46

PLATE 16

PLATE 17

PLATE 17

PLATE 16

PLATE 18

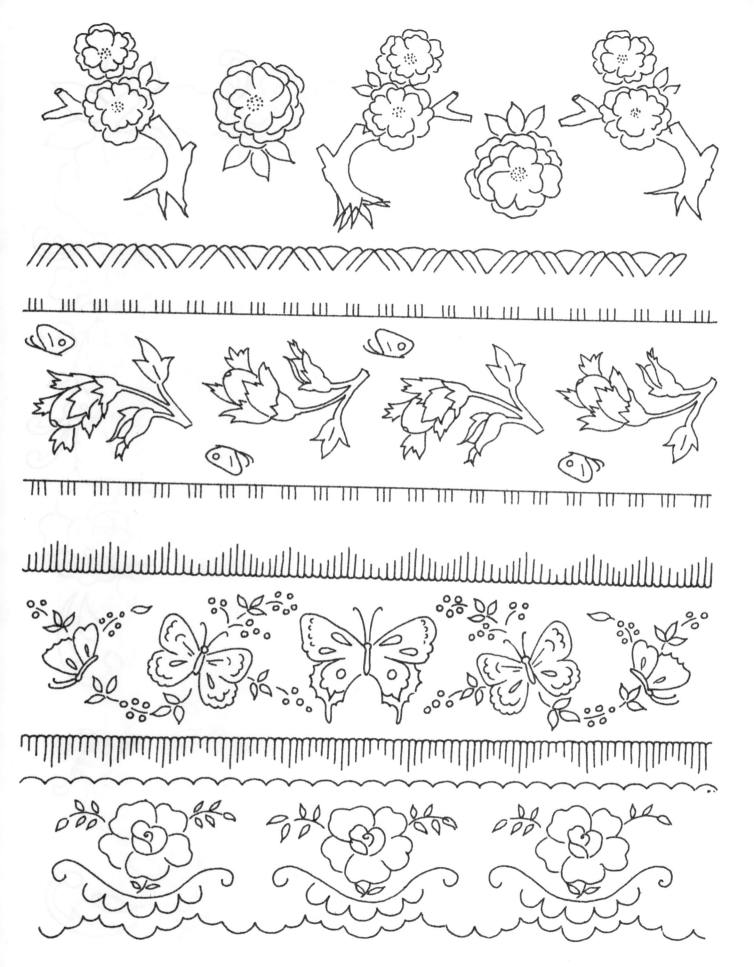

PLATE 19

PLATE 19

PLATE 20

PLATE 20

PLATE 21

PLATE 22

Test Pattern

PLATE 23

PLATE 24